GRAMMAIRE ITALIENNE, FRANCOISE, & Espagnole.

Tres-vtile & necessaire à ceux qui desirent auoir la vraye cognoissance des susdites Langues.

Par le P. H. de P. C.

À PARIS,

Chez Louys Boullenger, rue sainct Iacques à l'image sainct Louys pres sainct Yues.

M. DC. XXVIII.

AVX CVRIEVX
des Langues.

ESSIEVRS, Si nous ne sçauons les Langues ce n'est pas faute de Grammaires, Mais la plus part sont si prolixes & obscures, qu'il semble qu'elles ayent esté faittes plustost pour nous descourager de les apprendre que pour nous y conuier. Celle-cy au contraire succinte & abbregée, sera tres-

prousitable à ceux qui voudront auoir
la vraye cognoiſſance des Langues
Italienne & Eſpagnolle. Ie ſuplie vn
chacun de croire qu'il n'y a rien d'ob-
mis, mais auſſi n'y a-il rien qui ne
ſoit tres neceſſaire de ſçauoir: Celle-
cy ſera bien toſt ſuiuie (s'il plaiſt à
Dieu) de deux autres, l'vne en Grec
vulgaire, & l'autre en Turc, auec
chacune vn tres-excellent Dialogue,
elles ne ſeront moins abregeés, & v-
tiles à ceux qui ſeront deſireux de ces
Langues.

GRAMMAIRE
Italienne, Françoise
& Espagnolle.

A grande affinité que ces deux Langues ont auec la Latine & plus particulie-rement auec la noſtre Frã-çoiſe, faiĉt qu'en fort peu de temps l'on s'y peut perfeĉtionner, l'experié-ce nous eſt fidel teſmoing de cecy, en ce que pluſieurs leſquels ne laiſſant de vacquer à leurs affaires ſe ſõt rédus ſi admirables en ces Langues qu'il eſt difficile de les diſtinguer des naturels Italiens & Eſpagnols, & au contraire eux de nous autres.

Et sur ce ie donneray vn aduis en passant à ceux qui desirent se perfe-ctionner aux Langues que pour en auoir la vraye prononciation, il faut souuent conferer auec les naturels du pays ou autres qui les sçauent, lire de bons Autheurs en leurs presences iusques à ce que l'on aye acquis ce que les reigles ne peuuét donner que tres-difficilement.

Ces Langues contiennent neuf par-ties que les Grammairiens appellent parties d'oraison : de façon que l'on ne sçauroit dire vne seule parole en discours qu'elle ne soit l'vne de ces neuf, sçauoir, Article, Nom, Pronom, Verbe, Aduerbe, Participe Prepositió & Interiection. Mais par ce qu'elles ne sont toutes si frequentes les vnes que les autres, ie m'arrestray vn peu plus sur les principales, comme sont le Nom, Pronom & Verbe, & les autres comme en passant. Et premierement.

DE L'ARTICLE.

L'article est vne particule qui sert à discerner & faire distinction du gére des noms & de leurs cas & nombres, ainsi qu'il sera monstré és declinaisons suiuantes.

DV NOM.

Le nom est vne des plus principales parties des langues, & est l'appellatió de tout ce que l'on peut voir ou toucher, exemple.

Il Cielo	*Le Ciel*	El Cielo
la terra	*la terre*	la tierra
il Sole	*le Soleil*	el Sol
il luna	*la Lune*	la Luna
il corpo	*le corps*	el cuerpo

| il muro | *le mur* | el muro |
| il tempio | *le temple* | el templo |

Et y en a de trois sortes, sçauoir pro-
pres appellatifs & adiectifs ; les Pro-
pres ne conuiennent ny se donnent
qu'à vne seule chose, exemple.

Iddio	*Dieu*	Dios
Maria	*Marie*	Maria
Pietro	*Pierre*	Pedro
Paulo	*Paul*	Pablo
Roma	*Rome*	Roma
Pariggi	*Paris*	Paris

Les appellatifs conuiennent à plusieurs propres & seruent à les distin-
guer les vnes des autres, comme

| Iddio padre | *Dieu le Pere* | Dios padre |

Matia ver-gine	Marie vier-ge	Maria vir-gen
Pietro Apo-stolo	Pierre Apo-stre	Pedro Apo-stol.

Et les adiectifs se donnent & con-uiennent indifferément tant aux pro-pres qu'appellatifs, pour exemple.

Iddio potē-tissĩmo	Dieu tout-puissant	Dios todo poderoso
padre giusto	Pere iuste	padre iusto
Sãta Maria vergine pu-ra	Saincte Marie Vierge pure	Santa Maria Virgen pura
San Pietro Apostolo eletto	Sainct Pierre Apostre es-leu	San Pedro Apostol es-cogido
Roma la Santa	Rome la sain-cte	Roma la santa
Pariggi gran-	Paris tres-	Paris muy

diſſima   grande   grande

Or toutes ces trois ſortes de noms ne reçoiuent que deux genres, à ſçauoir, Maſculin & Feminin : deux nóbres ſingulier & plurier.

L'Eſpahnol & François trois cas, & lItalien quatre, comme on peut voir és ſuiuantes declinaiſons.

Declinaiſon du Maſculin auec ſon Article.

SINGVLIER.

Il Cielo	Le Ciel	los Cielos
delCielo	du Ciel	de los cielos
al cielo	au ciel	à los cielos
dal cielo	du ciel	

Ainſi ſe declinent tous autres meſculins Italiens, qui commencent par vne ſeule cóſonne, ou par deux, pour-

ucu que la ſecõde ſoit vn (r) exemple,
il tempo, il libro, il tributo &c.

Autre nom Masculin.

SINGVLIER.

L' amore	L'amour	El amor
dello amo- re	de l'amour	del amor
all' amore	à l'amour	al amor
dall' amore	de l'amour	

PLVRIER.

gli amori	les amours	los amores
degli amo- ri	des amours	de los amo res
agli amori	aux amours	à los amo- res
dagli amori	des amours	

Deux choſes ſont icy à cõſiderer, ſçauoir, que tous noms maſculins Italiés
qui cõmencent par vne ſeule voyelle

se doiuent decliner ainsi que le
susdit (amore) & aussi ceux qui par
plusieurs consonnes, pourueu que la
premiere soit vne (S) exemple, lo scrit-
tore, lo strale, lo spirto.

L'autre est que tous noms Espagnols
qui en leur singulier finisset ou se terminent par vne voyelle, prennent en
leur plurier vne seule S, exemple el
hombre, los hombres, el libro, los libros, la
casa, las casas, &c. & ceux qui par consonnes au singulier, prennent en leur
plurier ces deux lettres (es) exéple, *el*
amor, los amores, la muger, las mugeres
&c.

Declinaison du feminin auec son Article.
SINGVLIER.

La casa	*La maison*	La casa
della casa	*de la maison*	de la casa
alla casa	*à la maison*	à la casa
dalla casa	*de la maison.*	

PLVRER.

Le cale   *Les maiſons*   Las caſas
delle cale   *des maiſons*   de las caſas
alle cale   *aux maiſons*   alas caſas.
dalle cale   *des maiſons*

Tous noms Italiens ʇant propres, appellatifs, qu'adiectifs, ſe terminét au ſingulier en a, e, o, cóme *il poeta il padre, il ditto,* & au plurier en (i, e, a, exéple, *i, poeti, le donne, le braccia* &c.

Il y a toutefois deux nós irreguliers à ſçauoir (*re,* Roy, *di* iour) leſquels sót terminez au ſingulier comme au plurier, mais l'article les fait cognoiſtre.

Remarquez que tous les maſculins ſe terminét au plurier en i, quoy qu'é leur ſingulier ils le ſoient en (a, ou (e) ou o, pour ceux qui au plurier ſont en a, ce n'eſt que par licence, car ils ne laiſſent pas de ſuiure la reigle generale, exemple, *gli oſſi,* ou *le oſſa, i caſtelli, le caſtella, i muri, le mura.*

Les feminins qui au singulier se terminent en a, le sont au plurier en e, exemple, *la donna, le donne, la prouincia, le prouincie* : & ceux qui au singulier le sont en e, ou o, au plurier se terminêt en i, exemple *l'oratione, le orationi : la mano, le mani*, &c.

L'on peut reietter les voyelles finalles des mots Italiens, pourueu que deuãt il y ait vne de ces quatre liquides l, m, n, r, exemple, *debol* pour *debole, habiam* pour *habiamo : han* pour *hanno : amar* pour *amare*.

Comparaison des Adiectifs.

Santo	sainct	Santo
piu santo	plus sainct	mas santo
santissimo	tressainct	muy santo
Santa	saincte	Santa
piu santa	plus saincte	mas santa
santissima	tressaincte.	muy santa

rico	riche	rico
piu rico	plus riche	mas rico
richissimo	trefriche	muyco

Noms des mois, nombres & iours de la sepmaine.

Gennaio	Ianuier	Henero
Febraio	Feurier	Hebrero
Marzo	Mars	Marco
Aprile	Auril	Abril
Maggio	May	Mayo
Giugno	Iuin	Iunio
Luglio	Iuillet	Iulio
Agosto	Aoust	Agosto
Settembre	septembre	Setiembre
Ottobre	Octobre	Octubre
Nouembre	Nouembre	Nouembre
Decembre	Decembre	Deziebre

NOMBRES.

| vna | vn | vno |

duo	deux	dos
tré	trois	tres
quatro	quatre	quatro
cinque	cinq	cinco
sei	six	seys
sette	sept	siete
otto	huict	ocho
noue	neuf	nueue
dieci	dix	diez
vndici	oze	onze
dodici	douze	doze
tredici	treize	treze
quatordici	quatorze	catorze
quindici	quinze	quinze
sedici	seize	diez y seys
dicisette	dixsept	diez y siete
diciotto	dixhuict	diez y ocho
dicinoue	dixneuf	dies y nueue
venti	vingt	veyente
trenta	trente	treynta
quarenta	quarente	quarenta

cinquanta	cinquante	cincuenta
sessenta	soixante	sesenta
settanta	septante	setenta
ottanta	octante	ochenta
nouanta	nonante	nouenta
cento	cent	ciento
dugento	deux cents	docientos
trecenti	trois cents	trecientos
quatro cēto	quatre cents	quatrociē-tos
cinque cēt	cinq cents	quinientos
sei cento	six cents	seycientos
settecento	sept cents	setecientos
otto cento	huict cents	ochocien-tos
noue cento	nĕuf cents	nouecien-tos
mille	mil	mil
dui millia	deux mil	dos mil
tre millia	trois mil	tres mil
quatromilia	quatre mil	quatro mil

B

vn milione	vn milion	vn millon
due milioni	deux milions	dos millo-
		nes
tre milioni	trois milions	tres millo-
		nes

Iours de la sepmaine.

Domenica	Dimanche	Domingo
Lunedi	Lundy	Lunes
Martedi	Mardy	Martes
Mercordi	Mercredy	Miercoles
Gibuedi	Ieudy	Iueues
Venerdi	Vendredy	Viernes
Sabbato	samedy	Sabado

DV PRONOM.

Le Pronom est la troisiesme partie
de l'oraisõ & n'est autre chose qu'v-
ne particule ou diction laquelle a la

force du nõ propre, c'est à dire qu'e-
stant le pronom en l'oraison il n'est
besoin de mettre le nom si on neveut:
& y en a de trois sortes, à sçauoir vn
de la premiere personne: vn de la seconde, & l'autre de la troisiesme : celuy de la premiere, demonstre celuy
ou celle qui parle, cõme pour exéple:

| io | *ie, moy* | yo |
| noi | *nous* | nós |

celuy de la seconde, denote celuy ou
celle à qui on parle, comme,

| tu | *toy* | tu |
| voi | *vous* | vos |

celuy de la tierce personne, monstre
celuy ou celle de qui on parle, exéple,

quello	*celuy*	aquel
quelli	*ceux*	aquellos
quella	*celle*	aquella
quelle	*celles*	aquellas.

ces trois susdits pronoms s'appellent

communément primitifs, pour ce
que d'iceux en procede d'autres que
l'on appelle deriuatifs, comme nous
dirõs cy-apres: il faut auſſi noter que
les deux premiers ſont de tous les
deux genres ſçauoir, maſculin, & feminin : & le dernier change de genre ainſi que l'adiectif.

Declinaiſon des primitifs.

SINGVLIER.

Io	Ie, *moy*	Y o
di me	*de moy*	de mi
a me	*à moy*	à mi
da me	*de moy*	demi.

PLVRIER.

Noi	Nous	Nos
di noi	*de nous*	de nos

| à noi | a nous | a nos |
| da noi | de nous | |

AVTRE SINGVLIER.

Tu	Toy	Tu
di te	de toy	de ti
a te	a toy	a ti
da te	de toy	te.

PLVRIER.

Voi	Vous	Vos
di voi	de vous	de vos
a voi	a vous	a vos
da voi	de vous.	

AVTRE AV SINGVLIER.

| Quello | Celuy | Aquel |
| di quello | de celuy | de aquel |

a quello	a celuy	à aquel
da quello	de celuy	

PLVRIER,

quelli	ceux	aquellos
di quelli	de ceux	de aquellos
à quelli	à ceux	à aquellos.
da quelli	de ceux	

Il faut noter qu'il y en a plusieurs de la tierce personne qui se mettent & prennent pour & au lieu du susdit (*quello*, ou, *aquel*) comme sont les suiuants.

Costui		
questo	} Cestuy	Este
cotesto		
egli	Luy	el
colui	celuy là	esse

Coſtoro		
queſti	Ceux cy	Eſtos
coteſti		
eglino	eux	ellos
coloro	ceux là	eſſos
quella	celle	aquella
coſtei		
queſta	ceſte-cy	eſta
coteſta		
ella	elle	ella
colei	celles cy	eſſas
quelle	celles	aquellas
coſtoro		
queſte	celle cy	eſta
coteſte		
elle	elles	ellas
coloro	celles là	eſſas

Tous ces pronoms de la tierce perſonne ſe declinēt ainſi que les ſuſdits
de la premiere & ſeconde perſonne.

Il y en a encores quelques autres
que l'on pourroit bien dire de la tierce perſonne cóme les ſuiuants , mais
ils ſe mettent en l'oraiſon pluſtoſt en
adiectif qu'en pronom.

Niuno		
veruno	*nul*	ninguno
neſſuno		
ciaſcuno		
ciaſchedu-	*chacun*	cada vno
no		
alcuno	*aucun*	algun
altro	*autre*	otro
medeſimo	*meſme*	miſmo
ſteſſo		
tale	*tel*	tal
quale	*quel*	qual

Pronoms deriuatifs.
SINGVLIER.

Il mio	Le mien	El mio
del mio	du mien	del mio
almio	au mien	al mio
dalmio	du mien	

PLVRIER.

I miei	Les miens	los mios
dei miei	des miens	delos mios
ai miei	aux miens	alos mios
dai miei	des miens	

SINGVLIER.

Il tuo	le tien	El tuyo
del tuo	du tien	del tuyo
al tuo	au tien	al tuyo
dal tuo	du tien	

PLVRIER.

| I tuoi | le tien | Los tuyos |

dei tuoi	*des tiens*	delos tuyos
ai tuoi	*aux tiens*	alos tuyos
dai tuoi	*des tiens*	

SINGVLIER.

Il ſuo	*le ſien*	el ! ſuyo
del ſuo	*du ſien*	del iſuyo
al ſuo	*au ſien*	al ſuyo.

PLVRIER.

I ſuoi	*les ſiens*	los ſuyos
dei ſuoi	*des ſiens*	de los ſuyos
ai ſuoi	*aux ſiens*	à los ſuyos
dai ſuoi	*des ſiens*	

De tous les ſuſdits pronoms deriuatifs maſculins, on peut faire & for-
mer les feminins en changeãt l, o en
a, exemple au ſigulier,

| la mię | *la mienne* | la miạ, |

la tua   *la tienne.*   la tuya
la sua   *la sienne*   la suya

AV PLVRIER.

le mie   *les miennes*   las mias
le tuie   *les tiennes*   las tuias
le sue   *les siennes*   las suyas

Et ainsi des cas obliques en proposât
tousiours l'article des masculins tant
au singulier que plurier : & se declinent de mesme façon.

Il ostro   *le noftre*   el nuestro
la nostra   *la noftre*   le nuestra
il vostro   *le vostre*   el vuestro
la vostra   *la vostre*   la vuestra
il quale   *lequel*   el qual
la quale   *laquelle*   la qual
iquali   *lesquels*   losquales
lequali   *lesquelles*   lasquales

Notez qu'e les Espagnols ne mettét
point en leur entier tant au parler

qu'eſcrire ces trois pronõs *mio, tuyo,
ſuyo*, deuant vn nom, ains diſent au
ſingulier *mi, tu, ſu, tu hermano*, *ſu ma-
dre, mis madres, tus hermanos, ſus primòs*,
mais bien apres le nom, & les Italiés
prepoſent touſiours auſdits pronõs
l'article encor qu'il ſoit auec le nom
comme, *la mia ſorella, il tuo fratello, I
miei libri, il ſuo cauallo* &c. le plus ſouuent en Italien ſe mettent ces mots
mi, ti, ſi, ce, ni, et, ne, vi, pour & au lieu
de *me, te, ſe, noi, noi, noi, voi* qui ſignifiẽt
en François me, te, ſe, nous, nous,
vous, ainſi que la lecture des bons liures pourra faire voir.

DV VERBE.

Le verbe eſt vne parole qui ſignifie
faire ou endurer quelque choſe, & ſe
varie par des, modes, temps, genres,

nombres & perſonnes. Or il y en à
de deux façons, à ſçauoir, perſonnels
& imperſonnels : les perſonnels ont
trois perſonnes, tant au ſingulier que
plurier nombre , & les imperſonnels
vne ſeule, à ſçauoir la tierce du ſin-
guliet comme nous verrōs cy-apres.

Les modes ſont touſiours cinq en
toutes les langues du monde, & s'appellent par les grammairiens, indicatif, imperatif, optatif, ſubionctif &
infinitif.

L'indicatif ſert pour demonſtrer la
choſe que l'on faict ou endure, l'imperatif pour commander , l'optatif
pour ſouhaiter: le ſubionctif pour ad-
iouſter, & de l'infinitif pour declarer
la choſe non bornee en des temps,
nombres ny perſonnes.

Les temps ſont cinq, ſçauoir, preſent, imparfaict , parfaict, plus que

parfaict & futur.

Les genres deux, actif & paſſif, les
les nombres deux , ſingulier & plurier.

Les perſonnes ſont trois , celle qui
parle, celle à qui on parle, & la troi-
ſieſme de qui on parle, de toutes leſquelles choſes il ſera amplement trai-
té és coniugaiſons ſuiuantes.

Indicatif du Verbe auxiliaire
de tous Actifs.

Le temps preſent.
Au ſingulier nombre.

Io ho	*i'ay*	yo he
tu hai	*tu as*	tu has
quello ha	*il à*	el ha

PLVRIER.

| noi habbiamo | *nous auõs* | nos hauemos |

voi hauete   *vous auez*   vos aueys
quelli hanno.   *ils ont*   ellos han.

IMPARFAICT.

o haueuo   *i'auois*   yo auia
tu haueui   *tu auois*   tu auias
quello ha-   *il auoit*   el auia.
ueua.

PLVRIER.

noi haue-   *nous auions*   nos auia-
uamo   mos
voi haue-   *vous auiez*   vos auia-
uate   des
quelli ha-   *ils auoient.*   ellos auiam
ueuano.

premier parfaict.

SINGVLIER.

yo hebbi   *i'en*   yo vue

30.

tu hauesti	*tu eus*	tu vui[s
quello hebbe.	*il eut*	el vu[

PLVRIER.

noi haoeui-mo	*nous eusmes*	nos vu[mos
voi haueste	*vous eustes*	vos vui[te
quelli heb-bero.	*ils eurent.*	ellos vui[ro[

Second parfaict.

SINGVLIER.

Io ho hauuoto	*I'ay eu*	yo he[uido
tu hai hauuto	*tu as eu*	tu has[uido
quello ha hauutò.	*il a eu*	el ha auid[

oi hauemo hauuto	nous auons eu	nos aue-mos abido
oi hauete, hauuto	vous auez eu,	vos aueys auido
quelli han-no hauuto.	ils ont eu.	ellos han auido.

plus que parfaict.

SINGVLIER.

io haueuo hauuto	l'auois eu	yo auia a-uido
tu haueui hauuto	tu auois eu	tu auias auido
quello haue-ua hauuto.	il auoit eu.	el auia a-uido.

PLVRIER.

noi haueu amo hauuto	nous auions eu	nos auia-mos auido

C

voi haueua-	Vous auiez	vos auie
te hauueto	eu	des auido
quelli haue-	ils auoient	ellos auia
uano hauu-	eu	auido.
to.		

FVTVR.

SINGVLIER.

Io hauero	i'auray	yo aurè
tu hauerai	tu auras	tu auras
quello ha-	il aura.	el aura!
uera.		

PLVRIER.

Noi haue-	Nous aurons	Nos a-
remo		uremos
voi hauere-	vous aurez	vos a-
te		ureys
quelli haue-	ils auront.	ellos a-
ranno		uran.

Imperatif.

SINGVLIER.

Habbi tu	Ayes toy	Aue tu
habbia	qu'il ai,	haya el
quello		

PLVRIER.

Habbiamo noi	ayons	Ayamos nos
abbiate voi	ayez	aued vos
abbino quelli	qu'ils ayent.	ayan ellos

optatif & subiunctif.

PRESENT.

Iddio vo-glia	Dieu vueille que	Oxala.

SINGVLIER.

Yo habbia	Iaye	Yo aya
tu habbi	tu ayes	tu ayas
quello hab- bia.	il ait.	el aya.

PLVRIER.

Noi hab- biamo	Nous ayons	Nos aya- mos
voi hab- biate	Vous ayez	vos ayays
quelli hab biano.	ils ayent.	ellos ayan.

IMPARFAIT.

Io hauessi	I'eusse	yo vuiesse
tu hauessi	tu eusse	tu vuiesses
quello ha- uesse	il eust	el vuiesse

PLVRIER.

Noi hauess- simo	Nous eussions	Nos v- uiessemos

voi haueſte	vous euſſiez	vos v-
quelli ha-	ils euſſent	uieſſedes
ueſſero		ellos v-
		uieſſen

PARFAIT.

Le parfait ſe fait & forme du preſent en mettant ſeulemét à toutes les perſonnes, *hauuto* pour l'Italien , & (*hauido*) pour l'Eſpagnol, & ainſi le plus que parfaiƈt de l'imparfait cóme nous auons monſtré en l'indicatif.

pluſque parfaiƈt.

SINGVLIER.

Io haueſſi hauuto	i'euſſe eu	yo vuiera
tu haueſſi hauuto	tu euſſe eu	tu uieras
quello ha- ueſſe hau- uto.	il euſt eu	el vuiera

Noi hauessi-mo hauuto	Nous euſsions eu	Nos vuie ramos
voi haueste hauuto	vous euſsiez eu	vos vuie-rades
quelli haueſsero hauuto.	ils euſsêt eu	ellos vuie-ran.

Temps indefiny.

SINGVLIER.

Io hauerei	J'aurois	Io auria
tu haueresti	tu aurois	tu aurias
quello ha-uerebbe	il auroit	el auria

PLVRIER.

Noi haue-remmo	Nous auriôs	Nos au-riamos
voi haue-reste	vous auriez	vos auria-des
quelli haue-rebbono	ils auroient	ellos a-urian

FVTVR.

Quando	*Quand*	Quando

SINGVLIER.

Io hauero	*i'auray*	Vuiere
tu hauerai	*tu ayras*	vuieres
quello hauera	*il aura*	vuiere

PLVRIER.

noi haueremo	*Nous auons*	vuieremos
voi hauerete	*vous aurez*	vuieredes
quelli haueranno	*ils auront*	vuieren.

INFINITIF.

| Hauere | *Auoir* | Hauer |
| hauendo | *ayant* | hauiendo |

Ces Langues ont deux sortes de
verbes, les vns reguliers & parfaits,
les autres irreguliers & imparfaits.

Les parfaits ont 3. coniugaisons qui
se terminét à l'Infinitif, sçauoir pour
l'Italien en are, ere, & ire. Pour l'Espagnol en ar, er, & yr.

Remarquez pour les Verbes Ita-

liens actifs & paſſifs, que ſouuent au
preterit imparfait , parfait pluſque
parfait, & futur tãt de l'Indicatif que
du cõjonctif, & quelquefois au tẽps
indefiny , on vſe de la 3. perſonne du
ſingulier pour la 1. comme auſſi l'on
ſe ſert de l'infinitif au lieu de la 2. perſonne de l'imperatif, l'vſage & la lecture le feront voir.

Les ſuiuants ſeruiront d'exemple
pour les Reguliers.

Premiere coniugaiſon.
Indicatif preſent.
SINGVLIER.

Io canto	*Ie chante*	yo canto
tu canti	*tu chante*	tu cantas
egli canta	*il chante*	el canta

PLVRIER.

No cantia-mo	*nous chantõs*	nos canta-mos
voi cantate	*vous chantez*	vos cantays

quelli cãtano *ils chantent* ellos cantan.

Imparfaict.

SINGVLIER.

Io cantauo	*ie chantois*	yo cantaua
tu cantaui	*tu chantois*	tu cantauas
quello can-taua.	*il chantois*	el cantaua

PLVRIER.

Noi canta-uamo	*Nous chan-tions*	Nos canta-uamos
voi canta-uate	*vous chan-tiez*	vos canta-uades
quelli can-tauano	*ils chan-toient.*	ellos canta-uan.

Premier parfaict.

SINGVLIER.

Io cantai	*ie chanté*	yo canté
tu cantasti	*tu chantas*	tu cantaste
egli cantò.	*il chanta*	el cantò

PLVRIER.

noi cãtamo	nous chan-tasmes	nos canta-mos
voi cantaste	vous chan-tastes	vos canta-stes
quelli can-tarono.	ils chante-rent.	ellos can-taron

second parfaict.

SINGVLIER.

io ho cantato	i'ay chanté	yo he can-tado
tu hai can-tato	tu as chanté	tu has can-tado
egli ha can-tato	il a chanté	el ha cãta-do

PLVRIER.

Noi habia-mo cantato	Nous anous chanté	Nos aue-mos cantado
voi hauete cantato	vous auez chanté	vos aueys cantado
quelli hã-no, cantato	ils ont chanté	ellos han-cantado.

plus que parfaict, singulier,

Io haueuo	s'auois chã	yo auia
cantato	té	cantado
tu haueui	tu auois	tu auias
cantato	chanté	cantado
egli haueua	il auoit	el auia
cantato	chanté	cantado

PLVRIER.

Noi haueua-	Nous auiõs Nos	auia
mo cantato	chanté	mos cãtado
voi haueua-	Vous auiez vos	auia
te cantato	chanté	des cantado
eglino haue-	ils auoient ellos	auia
uano cãtato té		cantado

FVTVR.
SINGVLIER.

Io cantero	Ie chanteray	yo cantãrè
tu canterai	tu chanteras	tu cantáras
egli cantera'	il chantera	el cantárà

PLVRIER.

| Noi cante- | Nous chante- | Nos canta- |
| remo | rons | rémos |

Voi cante-rere	vous chante-rez	vos canta-reys
eglino can-teranno	ils chanteront	ellos can-taràn

Imperatif.
SINGVLIER.

canta tu	Chante toy	canta tu
canti egli	qu'il chante	cante el

PLVRIER.

Cantiamo noi	Chantons	Cantemos nos
cantate voi	chantez	cantad vos
cantino quelli	qu'ils chantent	canten el-los

Optatif & Conionctif.

Iddio vo-glia che.	Dieu vueille que	Oxala.

Temps present Singulier.

Io canti	Ie chante	Yo cante
tu canti	tu chante	tu cantes
quello canti	il chante	el cante

PLVRIER.

Noi cantia-mo	Nous chantiös	Nos cante-mos
voi cantiate	vous chantiez	vos cãteys
quelli can-tino	ils chantent	ellos can-ten

Imparfaict.

SINGVLIER.

Io cantaffi	ie chantaffe	Yo cantaffe
tu cantaffi	tu chantaffe	tu cantaffes
quello can-taffe	il chantaft	el cantaffe

PLVRIER.

Noi cantaf-fimo	Nous chantaf-sions	Nos can-táffemos
voi cantafte	vous chantaf-fiez	vos cantaf-fedes
quelli can-taffero	ils chantaffent	ellos can-táffen

PARFAICT.

Le parfaict se forme du present & im-

parfait de l'Optatif du Verbe auxiliai
re, en adiouſtãt a chaque perſonne du
ſingulier & plurier (*cantato*) pour l'I-
talien & *cantado* pour l'Eſpagnol, e-
xẽple *io habbia cantato*, *yo haya cantado*.

Plus que parfaict.

SINGVLIER.

Io haueſſi   l'euſſe chanté   yo cantáre
cantato

tu haueſſi   ta euſſe chan-   tu cantáras
cantato   te

egli haueſſe *il euſt chanté* el cantára
cantato

PLVRIER.

Noi haueſ-   *Nous euſsions* Nos cantá
ſimo, cãtato   chanté   ramos
voi haueſte *vous euſsiez*   vos cantá
tato   chanté   rade
quelli haueſ- *ils euſſent*   ellos can

ſero cátato   *chante*   táran.

Temps indefiny.

SINGVLIER.

Io cantarei	*ie chanterois*	yo cantaria
ſu cantare-ſti	*tu chanterois*	tu cãtarias
quello can-tarebbe.	*il chanteroit*	el cantaria.

PLVRIER.

Noi canta-remmo	*Nous chante-rions*	Nos canta-riamos
voi canta-reſte	*vous chante-rieʒ*	vos canta-riades
quelli canta-rebbono	*ils chãteroient*	ellos cã-tarian

FVTVR.

quando	*quand*	quando

SINGVLIER.

ſo cantero	*ie chanteray*	yo cantáre
ſu canterai	*tu chanteras*	tu cantáres
quello can-tera	*il chantera*	el cantáre

PLVRIER.

ñoi canta-remo	nous chante-rons	nos cantá-remos
voi cantare-te	vous chante-rez	vos cantá-redes
quelli cante-ranno	ils chanteront	ellos can-táren

INFINITIF.

Cantare	Chanter	Cantar
çantando	chantant	cantando

Seconde coniugaison des reguliers,
Indicatif present.

SINGVLIER.

Io vedo	ie voy	Yo veo
tu vedi	tu vois	tu vees
quello vede	il voit	el vee

PLVRIER.

Noi vedia-mo	Nous voyons	Nos ve-mos
		Voi

| voi vedete | vous voyez | vos veys |
| quelli vedono | ils voyent | ellos veen |

Imparfaict

SINGVLIER.

io vedeuo	ie vois	Yo veya
tu vedeui	tu voyois	tu veyas
quello vedeua,	il voyoit	el veya

PLVRIER.

Noi vedeuamo	nous voyons	Nos veyamos
voi vedeuate	vous voyez	vos veyades
quelli vedeuano.	ils voyoient	ellos veyã.

premier parfaict.

SINGVLIER.

D

io vidi	ie vis	yo vi
tu vedesti	tu vis	tu viste
quello vide	il vit	el vio

PLVRIER.

Nos vedé-mo	Nous vismes	Nos vimos
voi vedeste	Vous vistes	vos vistes
quelli vide-ro	ils virent	ellos vierõ

Second parfaict.
SINGVLIER.

io ho ve-duto	ie veu	yo he visto
tu hay ve-duto	tu as veu	tu has visto
quello ha ve-duto.	il a veu	el ha visto

PLVRIER.

Noi habbia-mo veduto	nous auos veu	auemo visto

voi hauete   vous auez   aueis visto
veduto   veu
quelli han-   ils ont veu   an   visto
no veduto

Plus que Parfaict

yo haueuo iauois veu   yo auia vi-
veduto   sto
tu haueui   tu auois veu   tu   auias
veduto   visto
quello haue- il auoit veu el   auia vi-
ua veduto   sto

Plurier.

Noi haueua- Nous auions Nos   auia
mo veduto   veu   mos   visto
voi haueua- vous auiez   vos   auia-
te veduto   veu   des   visto
quelli haue- ils auoient ellos auian
uano vedu- veu   visto
to

Imperatif singulier

vedi tu   voy toy   vee tu

yo

Italien	François	Espagnol
veda quello	qu'il voye	vea el

PLVRIER,

Italien	François	Espagnol
Vediamo noi	Voyons	Veamos nos
vedete voi	voyez	veed vos
vedano quelli	qu'ils voyent	vean ellos

Optatif & Conionctif present.

Italien	François	Espagnol
Iddio vo-glia che	Dieu vueille que	Oxala

SINGVLIER.

Italien	François	Espagnol
Io veda	ie voye	Yo vea
tu vedi	tu voyes	tu veas
egli veda	il voye	el vea

PLVRIER.

Italien	François	Espagnol
Noi vedia-mo	Nous voyons	Nos vea-mŏs
voi vediate	vous voyez	vos veays
quelli veda-no	ils voyent	ellos vean

Imparfaict singulier.

io vedessi   ie veïsse   yo vieße
tu vedessi   tu veïsse   tu vießes
egli vedesse   il veïst   el vieße

PLVRIER.

Noi vedessi-   nous veïßions   nos vieße
mo   mos
voi vedeste   vous veïßiez   vos vieße-
                                    des
quelli vedes   ils veïßent   ellos vießé
sero

PARFAICT.

Ce Parfait & plus que parfait se fót
en adioustant (*veduto*) pour l'Italien
& *visto*, pour l'Espagnol a toutes les
personnes du present & imparfaict
de l'Optatif du Verbe auxiliaire, cóme au ós móstré au verbe precedent.

Plus que parfaict singulier.

Io haueßi   i'eusse eu   yo vuiera visto
veduto

tu hauessi   Tu euss veu   tu   vuieras
veduto   visto
quello haue   il eust veu   el viera visto
sse veduto

PLVRIER.

Noi hauessi   Nous eußions   Nos vuiera
mo veduto   veu   mos visto
voi haueste   vous eußiez   vos vuiera-
veduto   veu   des visto
quelli hauef ils eußent veu   ellos vuie
sero veduto   ran visto

Temps indefiny singulier.

io vederei   ie verrois   yo verria
tu vederesti tu verrois   tu verrias
quello vide   il verroit   el verria

PLVRIER.

noi vederé-   nous verrions   nos verria-
mo   mos
voi vedere-   vous verriez   vos verria-
ste   des
quelli vede-   ils verroient   ellos ver-
rebbono   rian

Futur Singulier.

quando   quand   quando
io vedero   ie verray   xo viere
tu vederai   tu verras   tu vieres
quello vede- il verra   el viere
ra

PLVRIER.

noi vedere-   nous verrons   nos vie-
mo   mos
voi vedere-   vous verrez   vos viere-
te   des
quelli vede- ils verront   ellos vieren.
ranno

Infinitif.

vedere	Veoir	veer
vedendo	voyant	vyendo

Troifiefme cõiugaifon des reguliers.

Indicatif prefent.
SINGVLIER.

Io feruo	Ie fers	yo firuo
tu ferui	tu fers	tu firues
quello ferue	il fert	el firue

PLVRIER.

Noi feruia-mo	Nous feruons	Nos ferui-mos
voi feruite	vous feruez	vos feruys
quelli fer-uono	ils feruent	ellos fir-uen

Imparfait Singulier.

Io feruiuo	Ie feruois	yo feruia
tu feruiui	tu feruois	tu feruia
quello fer-uiua	il feruoit	el feruia

§§

PLVRIER.

Noi serui- Nous seruirons nos seruia-
uamo   mos
voi seruia- vous seruies   vos seruia
te   des
quelli ser- ils seruoient   ellos seruian.
uiuano.

Premier parfaict singulier.

Io serui   Ie seruis   yo serui
tu seruisti tu seruis   tu seruiste
quello ser- il seruit   el sruio
ui

PLVRIER.

Noi serui   Nous seruis-   Nos serui-
mo   mes   mos
voi seruiste vous seruistes vos seruiste
quelli serui- ils seruirent ellos siruie-
rono   ron

Second parfaict singulier.

yo ho seruito *i'ay seruy* yo he seruido
tu hai seruito *tu as seruy* tu has seruido
quello ha *il a seruy* el ha seruido.
seruito

PLVRIER.

Noi habbia Nous auons Nos aue-
mo seruito *seruy* mos seruido
voi hauete *vous auez* vos auey
seruito *seruy* seruido
quelli hanno *ils ont seruy* ellos han
seruito seruido.

Plus que parfaict singulier.

yo haueuo *i'auois seruy* yo hauia ser
seruito uido
tu haueui *tu auois seruy* tu hauia
seruito seruid
quello haue *il auoit seruy* el hauia ser
ua seruito uido

PLVRIER.

Noi haueua nous auions nos hauia-
mo seruito seruy mos seruido
voi haueua- vous auiez vos hauia-
te seruito seruy des seruido
quelli haue ils auoient ellos hauian
uano seruito seruy seruido

Futur singulier.

io seruiro ie seruiray yo seruirè
tu seruirai tu seruiras tu seruiràs
quello ser il seruira el seruirà.
uira.

PLVRIER.

noi seruire nous seruirons nos seruire-
mo mos
voi seruirete vous seruirez vos serui-
reis
quelli seruiran- ils seruiront ellos ser-
no. uiran.

Imperatif singulier.

Serui tu Sers toy Sirue tu
serua quello qu'il serue. sirua el.

PLVRIER.

Seruiamo seruons nous siruamos nos
noi
seruite voi seruez vous seruid vos
seruino quel· qu'ils seruent siruan ello
li.

Optatif & conionctif present.
SINGVLIER.

addio voglia che Dieu vueille Oxal
que
io serua se serue yo siru
tu serui tu serue tu siruas
quello serua il serue el sirua

PLVRIER.

Noi seruia· Nous seruions Nos siru
mo mos
voi seruiate vous seruiez vos siruay
quelli serui ils seruent ellos sirua
no

Imparfaict singulier.

io seruissi	ie seruisse	yo siruiesse
tu seruissi	eu seruisse	tu siruiesses
quello ser· uisse	il seruist	el siruiesse

PLVRIER.

Noi seruissi mo	Nous seruis- sions	Nos siruief- semos
voi seruiste	Vous seruissiez	vos siruief- sedes
quelli ser· uissero	ils seruissent	ellos siruief- sen

PARFAICT.

Ce temps & le plus que parfait ainsi qu'auons dit cy dessus aux deux premiers verbes reguliers se font du present & imparfait de l'optatif en adioustant (*seruito*) pour l'italien (*& seruido*) pour l'Espaguol , à toutes les personnes tant du singulier que plurier nombre.

Plus que parfaict singulier.

Io hauessi l'*eusse seruy* yo vuier
seruito   seruido
tu hauessi *tu eusse seruy* tu vuiera
seruito   seruido
quello haue *il eust seruy* el vuier
sse seruito   seruid

PLVRIER.

Noi hauessi Nous *eussions* Nos vuier
mo seruito *seruy* mos seruid
voi haueste *vous eussiez* vos vuier
seruito *seruy* des seruid
quelli haue *ils eussent* ellos vuic
ssero serui *seruy* seruido
to

Temps indefini Singulier.

yo seruirei — *ie seruirois* yo serui[r]
tu seruiresti *tu seruirois* tu seruiri
quello ser *il seruiroit* el seruir
uirebbe

PLVRIER.

Noi serui·	Nous serui·	Nos serui
emmo	rions	riamos
voi seruire·	vous serui·	vos serui
ste	riez·	riades
quelli serui·	ils seruiroiēt	ellos serui.
rebbono		rian

Futur singulier.

Quando	Quand	Quando
Io seruiro	Ie seruiray	yo siruiere
tu seruirai	tu seruiras	tu siruieres
egli seruira	il seruira	el siruiere

PLVRIER.

Noi serui·	Nous serui·	Nos siruie·
remo	rons	remos
voi seruire	vous seruirez	vos siruiere
te		des
quelli serui	ils seruiront	ellos sirui·
rannoi		ren

Infinitif.

| Seruire | Seruir | Seruir |
| Sruendo | seruant | Seruiend[o] |

En ces trois Langues il n'y a aucu[n]
Verbe passif, mais on le peut compo[-]
ser, en adioustant le participe du ver[-]
be actif, auec tous les temps & per[-]
sonnes du Verbe substantif duque[l]
suit la coniugaison.

Coniugaison du verbe Substátif Au[-]
xiliaire des passifs.

indicatif present.

SINGVLIER.

Io sono	ie suis	yo soy
tu sei	tu es	tu ere[s]
quello é	il est	el es

PLVRIER.

Noi siamo	Nous sommes	nos somo[s]
voi siete	vous estes	vos soys
quelli sono	ils sont	ellos so[n]

imparfaict singulier.

deux pages ont esté oubliées & doiuent estre mises apres l'Imparfaict singulier de la page 62

IMPARFAIT.

singulier.

Io ero	i'estois	Io era
tu eri	tu estois	tu eras
quello era	il estoit	el era

PLVRIER.

Noi euaramo	nous estions	nos otros eramos
voi erauate,	vous estiez	vos otros erades
quelli erano	ils estoient	ellos eran

PARFAICT

singulier.

Io fui	ie fus	yo fuy
tu fosti	tu fus	tu fuiste

E

quello fu il fue el fue

PLVRIER.

Noi fumo nous fusmes el fi
voi foste vous fustes nostros fuim
quelli furono ils furent vos otros fu
        stes
       ellos fuero

Preterite parfaict singulier.

Io sono stato i'ay esté
tu soi stato tu as esté
quello e stato il a esté

PLVRIER.

Noi siamo stati nous auons esté
voi sete stati vous auez esté
quelli sonno stati ils ont esté

Preterite plus que parfaict.

Io ero stato i'auois esté y o auia estad
tu eri stato tu auois esté vos otros a
       uiades estad
quello era stato il auoit esté ellos a
       uian estad

Noi eramo *Nous auions* Nòs auia-
stati   *estez*   mos sido
voi erate sta- *vous auiez* vos auia-
ti   *estez*   des sido
quelli erano *ils auoient* ellos auian-
stati   *estez*   sido.

Futur Singulier.

Io farò   *Ie seray*   Yo sere
tu sarai   *tu seras*   tu seras
qnello sara   *il sera*   el sera

PLVRIER.

Noi sare-   *Nous serons*   nos sere-
mo   mos
voi sarete   *vous serez*   vos sereis
quelli sa   *ils seront*   ellos seran
ranno

Imperatif singulier.

E

fii tu	ſois tu	ſee tu
ſia quello	qu'il ſoit	ſea el

PLVRIER.

ſiamo noi	ſoyons nous	ſeamos nos
ſiate voi	ſoyez vous	ſeed vos
ſiano quelli	qu'ils ſoient	ſean ellos.

Optatif & Conionctif.

Preſent ſingulier.

Iddio voglia che	Dieu vueille que	oxala
io ſia	ie ſois	yo ſea
tu ſii	tu ſois	tu ſeas
quello ſia	il ſoit	el ſea

PLVRIER.

Noi ſiamo	nous ſoyons	nos ſeamos
voi ſiate	vous ſoyez	vos ſeays
quelli ſiano	ils ſoient	ellos ſean.

Imparfaict ſingulier.

Io fosſi	ie fuſſe	yo fueſſe
tu fosſi	tu fuſſe	tu fuesſes
quello foſſe	il fuſt	el fueſſe

PLVRIER.

Noi fosſi-mo	Nous fuſ-ſions	Nos fueſſe-mos
voi foſte	vous fuſſiez	vos fueſſe-des
quelli folſe-ro	ils fuſſent	ellos fueſ-ſen

Parfaiᘓ ſingulier.

Io ſia ſtato	i'aye eſté	yo aya ſi-do
tu ſii ſtato	tu ayes eſté	tu ayas ſi-do
quello ſia ſtato	il ait eſté	el aya ſi-do

PLVRIER.

Noi ſiamo ſtati	Nous ayons eſtez	nos aya-mos ſido

voi siate	vous ayez	vos ayays
stati	estez	sido
quelli siano	ils ayent estez	ellos hayã
stati		sido

plus que Parfaict singulier.

Io fossi stato	i'eusse esté	yo fuera
tu fossi stato	tu eusse esté	tu fueras
quello fosse stato	il eust esté	el fuera,

PLVRIER.

Noi fossi mo stati	nous eussions estez	Nos fueramos sido
voi foste stati	vous eussiez estez	vos fuerades sido
quelli fosse ro stati	ils eussent estez	ellos fueran sido

Indefiny singulier.

Io sarei	ie serois	yo surias
tu saresti	tu serois	tu seriae
egli sarebbe	il seroit	el seria

PLVRIER.

Noi sarem-	nous serions	nos seria-
mo		mos
voi sareste	vous seriez	vos seriades
quelli sa-	ils seront	ellos serian
rebbono		

Futur Singulier.

Quando	quand	Quando
Io saro	ie seray	yo fuere
tu sarai	tu seras	tu fueres
egli sara	il sera	el fuere

PLVRIER.

Noi sare-	nous serons	nos fuere-
mo		mos
voi sarete	vous serez	vos fueredes
quelli saran-	ils seront	ellos fueren.
no		

Infinitif.

essere	estre	ser
essendo	estant	siendo

Exemple pour former les Verbes passifs.

Io sono amato	ie suis aymé	yo soy ama-do
io sono chiamato	ie suis appellé	yo soy lla-mado
io sono in-gannato	ie suis trompé	yo soy en-ganado
Io ero vedu-to	i'estois veu	yo era vi-sto
io fui toca-to	ie fais touché	yo fui toca-do
io sono sta-to vdito	i'ay esté ouy	yo he sido oydo
io faro scritto	ie seray escrit	yo sere es-crito

Et ainfi des autres perfonnes de quelque nombre que ce foit.

Venons maintenat aux irreguliers
qui font ainfi appellez parce qu'ils
n'ôt pas tous leurs temps parfaits &
c'eft en quoy confifte la difficulté
non feulement de ces Lan-
gues, mais encore de toutes les autres, neantmoins l'vfage les rend fa-
ciles

Remarque que ceux qui font
irreguliers d'vne coniugaifon en
Italien ne le font pas en Efpagnol,

Premiere coniugaifon des irre-
guliers Italiens.

Indicatif prefent.

Iodo   *ie donne*   yo doy

tu dai	*tu donnes*	tu das
egli da	*il donne*	el da

PLVRIER.

Noi diamo	*nous donnons*	Nos damos
voi date	*vous donnez*	vos days
quelli dano	*ils donnent*	ellos dan

Imparfaict.

Io dauo, ui, ua, *ie donnois*. yo daua as, a

Premier parfaict singulier

Io diedi	*ie donnay*	yo di
tu desti	*tu donna*	tu disre
egli diede	*il donna* el dio.	

PLVRIER.

Noi dem.	*Nous donnas*	Nos dimos
mo	*mes.*	
voideste	*vous donnastes*	vos distes
eglino die.	*ils donnerent*	ellos die-
		ron

Parfaict.

| Io ho dato | i'ay donné | yo he dado |
| ta hai dato | tu as donnè | tu has dado |

Plus que parfaict.

| Io haueua dato | i'auois dōnè | yo auia dado |

FVTVR.

| Io daro | ie donneray | yo daré |

Imperatif.

| Da tu | Donne toy | da tu |

Optatif & conionctif present.

| Io dia | ie donne | yo doy |

Imparfaict.

| Io dessi | ie donnasse | yo dielse |

parfaict.

| Io habia dato | i'aye dōnè | yo aya dado |

Plus que parfaict.

Io hauessi dato   *i'euſſe donné*   yo diera

Indefiny

Io darei   *ie donnerois*   yo daria

FVTVR.

Io daro   *ie donneray*   yo darè

INFINITIF.

Dare   *Donner*   Dar
Dando   *Donnant*   Dando

Ainſi ſe coniuguent les ſuiuans.

stare	*eſtre*	eſtar
fare	*faire*	hazer
andare	*aller*	andar
alegrarſi	*s'eſiouyr*	holgar.

Seconde coniugaiſon d'irreguliers.

Indicatif présent.

Io so	ie sçay	yo se
tu sai	tu scais	tu sabes
quello sa	il sçait	el sabe

Plurier.

Noi sappia-	nous sçauons	Nos sabe-
mo		mos
voi sapete	vous sçauez	vos sabeys
quelli sanno	ils scauent	ellos saben

Imparfaict.

Io sapeuo	ie sçauois	yo sabia
&c.		

Premier parfaict

Io seppi	ie sceu	yo supe
tu sapesti	tu sceus	tu supiste
egli seppe	il sceut	el supo.

PLVRIER,

Noi ſapem-	Nous ſceuſ-	Nos ſupi-
mo	mes.	mos
voi ſapeſte	vous ſceuſtes	vos ſupiſtes
eglino ſep-	ils ſceurent	ellos ſupie-
pero		rou
de ſapere	ſçauoir	ſaber

Indicatif preſent.

Io ſoglio	i'ay de couſtume	yo ſuelo
tu ſuoli	tu as de couſtume	tu ſueles
egli ſuole	il a de couſtume	el ſuele

PLVRIER.

Noi ſoglia-	auons de cou-	Nos ſole-
mo	ſtume.	mos
voi ſolete	auez de cou-	vos ſoleys
	ſtume	
quelli ſo-	ils ont de couſtu-	ellos ſue-
gliono	me.	len

Imparfaict.

Io soleuo   i'auois de coustume   yo solia

Indicatif present.

Io capio	ie suis contenu	yo quepo
tu capi	tu es contenu	tu cabes
egli cape	il est contenu	el cabe

Plurier.

Noi cappia-mo	nous sommes contenus	Nos cabe-mos
voi capiatè	vous estes con-tenus	vos cabeys
quelli cap-psono	ils sont con-tenus	ellos caben

Imparfaict.

Io capiuo · i'estois contenu · yo cabia.

Premier parfaict.

Io capii · ie fus contenu · yo cupe
tu capisti · tu fus contenu · tu cupiste
egli capi · il fut contenu · el cupo

Plurier.

Noi capiui-mo · nous fusmes contenus · Nos cupi-mos
voi capiste · vous fustes contenus · vos cu-pistes
quelli capi-rono · ils furent contenus · ellos cu-pieron

Indicatif present.

Io voglio · ie veux · yo quiero
tu vuoi · tu veux · tu quieres
egli vuole · il veut · el quiete

Plurier.

Noi vo-gliamo	Nous voulons	nos quere-mos
voi volete	vous voulez	vos quereys
queli vo-gliono	ils veulent	ellos quierē
Io voleuo	ie voulois	yo queria

Premier parfaict.

Io volſi	ie voulus	yo quiſe
tu voleſti	tu voulus	tu quiſiſte
egli volſe	il voulat	el quiſo

Pluriel.

Noi voleſſi-mo	Nous vouluſ-mes	nos que-ſimos
voi voleſte	vous voulu-ſtes	vos queſi-ſtes
quelli vol-ſero	ils voulure	ellos qui-ſieron

Indicatif preſent.

Io tengo	ie tiens	yo tengo
tu tengi	tu tiens	tu tienes
egli tiene	il tient	el tiene

Plurier.

Noi teniamo	*nous tenons*	nos tene-mos
voi tenete	*vous tenez*	vos reneys
quelli ten-gono	*ils tiennent*	ellos tienen.

Imparfaict.

Io teneuo	*ie tenois*	yo tenia

Premier parfaict.

Io tenni	*ie sins*	yo tuue
tu tenesti	*eu sins*	tu tuuiste
egli ten-ne	*il tint*	el tuuo

Plurier.

Noi tené-mo	*nous tinsmes*	nos teui-mos
voi teneste	*vous tinstes*	vos tuuistes
quelli ten-nero	*vous tindrent*	ellos tuuie-ron

Indica

Indicatif present.

Io posso	Ie peux	yo puedo
tu puoi	tu peux	tu puedes
egli puote	il peut	el puede

PLVRIER.

Noi possia-mo	Nous pou-uons	Nos pode-mos
voi porete	vous pouuez	vos podeys
quelli pos-sono	ils peuuent	ellos pue-den

IMPARFAIT.

| Io poteuo | Ie pouuois | yo podia |

Parfait.

Io potei	ie peus	yo pude
tu potesti	tu peus	tu pudiste
egli pote	il peut	iel pudo
Noi potem-mo	nous peufmes	nos padi-mos
voi poteste	vous peuftes	vos pudistes
quelli po-retono	ils peurent	ellos pudie-ron

F

Indicatif present.

Io dolio	Ie me deuil	yo me duelo
tu dubli	tu te Deuil	tu te dueles
egli duole	il se deuil	el se duele

Plurier.

Noi do-gliamo	nous nous deuillons	nos dole-mos
voi dolete	vous vous deuillez	vos os doley:
eglino do-lono	ils se deuillent	ellos sedue len

Imparfait.

Io doleuo	ie me deuilloi	yo me doli

Premier parfait.

Io dolsi	ie me plaignis	yo me dol
tu dolesti	tu te plaignis	tu te dolist
egli dolse	il se plaignit	el se doli

Plurier.

Noi dolem-mo	Nous nous plaignimes	Nos doli mos

voi doleste — vous vous plaigni∫tes — vos o∫que-xa∫tes
eglino dol-∫ero — ils ∫e plai-gnirent. — ellos ∫eque-xaron

Troi∫ie∫me Coniugai∫on d'i-reguliers.

Indicatif pre∫ent.

Io vengo — ie viens — yo vengo
tu vieni — tu viens — tu vienes
quello viene — il vient — el viene

PLVRIER.

Noi venia-mo — nous venons — Nos veni-mos
voi venite — vous venez — vos venis
quelli ven-gono — ils viennent — ellos vienen

F ij

Imparfaict.

| Io veniuo | *Ie venois* | yo venia |

Premier parfaict singulier.

Io venni	*ie vins*	yo vine
tu venisti	*tu vins*	tu veniste
egli venne	*il vint*	el vino

PLVRIER.

Noi venim-	*Nous vins-*	Nos veni-
mo	*mes*	mos
voi veniste	*vous vinstes*	vos venistes
eglino ven-	*ils vindrent*	ellos vinie-
nero		ron

Indicatif present.

Io dico	*Ie dis*	yo dige
tu dici	*tu dis*	tu dize
egli dice	*il dit*	el dize

PLVRIER.

| Noi dicia- | *Nous disons* | Nos dezi- |
| mo | | mos |
| voi dite | *vous distes* | vos dezi

eglino dico-   ils disent   ellos dizen
no

Imparfaict.

Io diceuo   ie disois   Yo, dezia

Premier parfaict.

Io dissi   i'ay dict   yo dixe
tu dicesti   tu dis   tu dixiste
ogli disse   il dit.   el dixo.

PLVRIER.

Noi dicem-   nous dismes   nos dixi-
mo   mos
voi diceste   vous distes   ves dixistes

elino dis-   ils dirent.   ellos dixe-
sero   ron

Indicatif present.

Io saliseo   ie monte   yo subo
tu sali   tu monte   tu subes
quello sale   il monte   el sube
noi saglia-   nous montons   nos subi-
mo   mos

E iiij

voi salite	*vous montez*	vos subis
quelli sali- scono	*ils montent*	ellos suben

Imparfaict.

Io saliuo	*ie montois*	yo subia

Premier parfaict.

Io sali	*ie montay*	yo subi
tu salisti	*tu montas*	tu subiste
quello sali	*il monta*	el subio

PLVRIER.

Noi salim- mo	*nous montas- mes*	nos subi- mos
voi solistei	*vous monta- stes*	vos subistes
quelli sali- rono	*ils monterent*	ellos subie- ron

Ainsi se coniuguent quelques autres comme ces suiuans.

Aprire	*ouurir*	abrir
morire	*mourir*	morir

dormire	dormir	dormir
vscire	sortir	salir
ferire	blesser	herir
coprire	couurir	cubrir
discoprire	descouurir	descubrir
nutrire	nourir	sustentar
vdire	ouyr	oyr
vbedire	obeyr	obedescer

Lesquels font en la premiere personne de l'indicatif.

Io apro, i, e,	i'ouure	yo abro, es e.
io muoio i, e,	ie meure	yo muero, es, e
io dormo, i, e,	ie dors	yo duermo, es, e
io esco, i, e,	ie sors	yo salgo, es, e
io ferisco, i, e,	ie blesse	yo hiero es, e
io cuopro	ie couure	yo cubro es, e

F iiij

io diſcuo-pro	ie deſtouure	yo deſcu-bro
io nutriſco	ie nourris	yo crio
io odo,i,e,	i'entends	yo oygo, es, e,
io vbidiſco, i,e	i'obey	yo obedeſ-co,es,e

Ayant declaré aſſez au long ce qu'e-
ſtoit des parties les plus neceſſaires,
il reſte de toucher comme en paſſant
les autres, à ſçauoir le Participe, aduerbe, prepoſition, conionctiõ & interiection, leſquelles ne meritẽt pas
que l'õ en eſcriue beaucoup, pource
qu'eſtant toutes invariables il ſuffit
de les voir vne ſeule fois au Dictiõ.
naire où autre part, & les retenir en
leur terminaiſon ſans prendre garde
au genre, nombre, cas, temps, coniugaiſon ny perſonne & modes ainſi
qu'aux ſuſdites nom, pronom, & ver-

be, exceptez toutesfois le participe
qui reçoit temps & terminaison,
mais ils se rapportent aux noms adiectifs.

Du Participe.

Le participe est ainsi appellé de tous
les Grammairiés: pource qu'il participe du nom & du verbe : du nom,
pource qu'il se decline par cas & nõ-
bres , ainsi que le nom : & du verbe
d'autant qu'il a des temps comme
on peut voir és suiuans.

Participes du present.

Cercante	cherchant	buscando
leggente	lisant	leyendo
veggente	voyant	vyendo
tocante	touchant	tocando
scriuente	escriuant	escriuiendo
lacrimante	plorant	llorando
mouente	mouuant	mouiendo

Participes du passé.

cercato	cherché	buscado
giuocato	ioüé	iugado
tocato	touché	tocado
blasimato	blasmé	denostado
scritto	escrit	escrito
eletto	esleu	eligido

& ainsi des autres semblables.

DE L'ADVERBE.

L'aduerbe est vne partie de l'oraison laquelle ne sert d'autre chose que pour accroistre ou diminuer la signification du verbe ou adiectif, auquel il se ioint comme *assai ben scriuere, harto bien escriuir: molto o poco ragionene mucho poco platicar*, & ainsi d'autres suiuans.

PRONOMS ET
Aduerbes.

Hoggi	Auiourd'huy	oy
ia	desia	ya
eucro	ou bien	oyd
o mio,	ou may	oyo
oyme,	aymé, helas	ay, guay
ogni	chasque	cada
hieri	hier	ayer
auan thieri	deuant hier	anteyer
domani	demain	manana
abuona hora	de bon heure	téprano
adesso	maintenant	agora
ades	à cette heure	a ora
non emolto tempo	il n'y a pas lõg téps	poco ha
e longo tempo	il y a pas long-temps	mucho ha
dipò dopò	apres	despues
dunque	& doncques	y pues
poi	puis	pues

Aduerbes du temps.

Volte siate	fois	yez

ogni voltá	chasque fois	cada vez
qualche volta	quelquefois	alguna vez
spesso	souuent	amenudo
quando	quand	quando
allora	alors	entonces
insino, fin	iusques	hasta
fin a domane	iusques à demain	hasta manana
mentre	pendant	mientras
anchora	encores	aun
dopo	depuis	desde
presto	incontinent	luego
mai, giamai	iamais	nunca
sempre	tousiours	siempre
adesso	des à present	des deagora
d'al'hora	deslors	desde entonces
dopoche	depuisque	desdeque
fin a quãdo	iusques à quãd	hasta quãdo
per d'auenires	d'oresnauant	deaqui a delante

vn poco de	vn peu de	vn ratõ
tempo	temps	
inanzi	deuant	antes
piu presto	plustost	antes
al	au	al
il qual	auquel	alqual
ogn vno	chascun	cada vno
ciascuno	vn chacun	cada vno
qualche cosa	quelque chose	algo

Aduerbes de lieu.

qui, quiui,	icy	aqui
la	là	ally
senza	sans	fin
diqui	d'icy	doaqui
diqua	deça	deaça
per diqua	pardeça	por aca
la	illa	la
per diettro	par derriere	per detras
per auanti	pardeuant	pordelante
longtano	loing	lenon
dentro	dedans	dentro

fuori	dehors	fuera
ou doue	ou	doude
donde	d'ou	dedonde
perdoude	par ou	pordonde
vers o	vers ou	hazia donde
abas so	embas	abaxo
disopra	en haut	arriba
la disopra	là en haut	alla arriba
alierro	vers le derriere	hazia atras

Aduerbes de quantité.

molto	beaucoup	mucho
tropo	trop	desmasiado
cirea cento	enuirõ cent	alpie deciéto
piu	plus	mas
ma	mais	mas
si	si	sin
bellissima	iollie	linda
ben adornata	si braue	tan galaua
piu presto	plustost	mas presto

Aduerbes denegatifs.

miente	point du tout	nonada

niente	rien	nada
vn poco	vn peu	vn poco
vn poco poco	vn bié peu	vn poiquito
iassai	assez	harto

Il y a quantité d'autres Aduerbes, mais ie pense qu'estans inserez és Dictionnaires, il n'estoit besoin de les repeter en ce petit abbregé, auquel ie me suis estudié de mettre ce qui m'a semblé plus vtile & necessaire, le reste ie le laisse à la diligence des studieux de ses langues, qui ne se cótenteront de la Theorie, mais passeront à la practique qu'ils ne peuuent acquerir sans la conference de ceux qui les sçauent, & la lecture des bons liures, auec lesquels ils feront en fort peu de temps vn tres-grand progrez.

FIN.

www.ingramcontent.com/pod-product-compliance
Ingram Content Group UK Ltd.
Pitfield, Milton Keynes, MK11 3LW, UK
UKHW022254120726
13694UKWH00003B/1076